Dándole Sentido

Dándole Sentido

Dr. Prashant Kakoday

Jupitarian Publishing

Derechos de autor © 2021 Dr. Prashant Kakoday

Se determina el derecho moral del autor.

Todos los derechos reservados.

Esta publicación no puede ser reproducida, ni total ni parcialmente, ni almacenarse en un sistema de recuperación de datos, ni ser retransmitida, en ningún formato ni por ningún medio, sin autorización previa por escrito del propietario de los derechos de autor, ni distribuirse con otra encuadernación o cubierta distinta a la que se publica.

Traducción al español de José Luis Martínez y María Adriana Pablos, Agosto de 2021.

Publicado por Jupitarian Publishing

ISBN 978-1-7399466-3-0

Typesetting services by BOOKOW.COM

PREFACIO

Este libro nos entrega una introducción concisa a las riquezas espirituales que nos ofrece el estilo de vida de un Raja Yogi. Está escrito por un maestro meditador, en un lenguaje muy accesible.

El Raja Yoga es mucho más que una técnica reflexiva o un bálsamo momentáneo para un alma atribulada. Involucra un cambio de mentalidad, el cual surge por medio del encuentro de las verdades eternas, incluso, mientras estamos conectados con las escenas transitorias del diario vivir.

Éste evita el dilema por el cual Hamlet sufría en demasía en la obra de Shakespeare:

Ya sea que fuese más noble, en la mente,
sufrir las ondas y flechas de la indignante fortuna,
tomar las armas ante un mar de problemas
y oponiéndose, ¿ponerles fin?

El dilema de Hamlet era, ya sea "ser o no ser" –para soportar el mar de problemas que él enfrentaba, o morir al hacerles frente. El desafío se había tornado mucho más agudo por la aparición del fantasma de su padre, ya que esto confirmaba la realidad de una vida después de la muerte.

"Dándole Sentido" sugiere que hay un tercer camino, aún más noble. Involucra el observar todo lo que está pasando a nuestro alrededor con los lentes de un observador desapegado, y, aun así, benévolo, considerándonos a nosotros mismos como un invitado espiritual en este mundo material.

Así, nosotros re-descubrimos la dicha del alma. Surge una riqueza interna. Recibimos una probada de libertad de los enredos, disgustos y necesidades emocionales ocasionadas por nuestros apegos y dependencias.

A medida que nuestra consciencia de la realidad de espíritu se profundiza, gradualmente va poniendo fin a las estériles luchas por encontrar la paz duradera y la felicidad eterna.

Al mismo tiempo, nos da la voluntad y la fortaleza para servir. Nos transforma de mendigos a verdaderos príncipes.

El Dr. Prashant Kakoday, el autor del libro *"Dándole Sentido"* es un ex–cirujano con una altamente entrenada e incisiva mente. Con gran precisión, y gentileza y claridad, generada por su propia práctica espiritual, él desafía las ideas disfuncionales que nos traen sufrimiento y pena.

Él nos invita a explorar y a experimentar con entendimientos que prometen liberarnos de la confusión, y re-descubrir una plenitud mental por medio de la cual, el amor y la sabiduría de El Supremo puedan brillar a través de nosotros en nuestras vidas.

– **Neville Hodgkinson, autor y periodista**

INTRODUCCIÓN

No podemos solucionar nuestros problemas con el mismo pensamiento que usamos cuando los creamos."

Albert Einstein

Siguiendo la misma línea, no podemos cambiar nuestra experiencia de vida sin cambiar, primero, la conciencia que la creó. Este pequeño libro lo anima a Ud. a explorar su propia consciencia y reconocer la posición de inicio fallida que lo atrapa antes de si quiera comenzar la carrera.

Éste lo desafiará a Ud. a que experimente con una nueva perspectiva sobre quién es Ud., de dónde viene y a quién Ud. pertenece. Esta consciencia nueva y más elevada tiene enormes implicancias para nosotros. Posee el potencial para elevar nuestra consciencia, nuestra actitud y nuestra visión, no sólo en relación a nosotros mismos, sino que también, en relación al mundo físico, es decir, 'la historia', y más aún, 'el cielo más allá del cielo' –nuestro mundo de la verdad e infinita belleza.

Índice general

VOLVIÉNDOSE LIBRE — 1
   La Vida de Mendigo — 2
   El Príncipe Despierto — 4
   Pensamientos para La Meditación — 7

INVOLUCRAMIENTO DESAPEGADO — 9
   ¿Qué está sucediendo en la Mente? — 10
   El Observador Desapegado — 11
   Preguntas para Reflexionar — 12

UNA MENTE LIBRE DE PENAS — 15
   Un Objetivo Más Elevado — 16
   El Mundo como una Historia — 17
   Pensamientos para La Meditación — 18
   Un Punto de Reflexión — 19
   Actividad de Reflexión — 19

EL MUNDO MÁS ALLÁ — 21
   La Confusión — 22
   La Seguridad Eterna — 24
   Preguntas para Reflexionar — 25

EL YOGI EN CASA — 27
   Pensamientos para La Meditación — 28

SER LIBRE DEL "yo" — 31
   La Identificación Falsa — 32

    Sintiéndonos Bajo Ataque 33
    Los Medios para La Libertad 34
    Felicidad Incondicional 35
    Preguntas para Reflexionar 36

EL INTELECTO ALQUIMISTA   **37**
    La Transmutación 38
    La Familia Angelical 39
    La Tarea Angelical 40
    Preguntas para Reflexionar 41
    Pensamientos para La Meditación 43

EL MENSAJE DEL DOLOR   **45**
    ¿Podemos Evitar el Dolor? 46
    Dolor Emocional 48
    Una Ley Simple 48
    Preguntas para Reflexionar 49

EL OCÉANO DE AMOR   **51**
    La Conexión 52
    La Libertad de Dios 53
    Volviéndose Como Dios 54
    Pensamientos para La Meditación 55
    Preguntas para Reflexionar 56

CONCLUSIONES   **57**
    ¿Qué Hay a la Vuelta de la Próxima Esquina? 58

ACERCA DEL AUTOR   **61**

ACERCA DE BRAHMA KUMARIS   **63**

DONDE ENCONTRARNOS   **65**

VOLVIÉNDOSE LIBRE

Despierte a la consciencia
de un eterno príncipe.

Entienda cuál es la actitud de "mendigo" y
cómo llegar a estar libre de ella.

La Vida de Mendigo

La esencia del mensaje espiritual es que existe una consciencia más elevada y, en la actualidad, estamos en algún lugar más abajo, como si no estuviéramos totalmente despiertos. Diferentes palabras son usadas para decirnos que hay un problema.

Una gran limitación dentro de esto es que, si alguien está dormido y uno le dice a él que él está dormido, no hay nadie para escuchar, nadie para entender. Sólo cuando él despierta, sí se da cuenta que estaba dormido. Si alguien está inconsciente, y uno le dice a él que él está inconsciente, eso no significa nada para él. Esto es lo que Platón llamaba 'No sabemos que no sabemos'. Estamos con una cerradura doble, en una doble ignorancia.

Es útil conocer la situación para que podamos encontrar una salida de esta y que despertemos. Usamos la imagen de un príncipe que ha olvidado que es un príncipe y piensa que es un mendigo. Es como si él estuviera bajo un hechizo y piensa que es un mendigo. Alguien viene y le dice: "Tú eres un príncipe" y él dice: "¿Soy un príncipe? Muchas gracias, pero ¿me daría una moneda?" Él oye la palabra príncipe, pero está profundamente atrincherado en la consciencia del mendigo. En la consciencia del mendigo, cada vez que él recibe monedas, él está feliz, pero, si pierde las monedas, él está triste.

El mendigo puede estar muy feliz cuando él recibe hartas monedas. Pero es una vida de mendigo con una consciencia de mendigo. La paradoja es que incluso mientras mendiga, él todavía es el mismo príncipe. Él posee todo un reino, él tiene todos los tesoros. Esa es la paradoja.

El mendigo no anda siempre simplemente mendigando. El síndrome del mendigo tiene muchos otros síntomas en la forma de patrones de conducta continuos. El mendigo se compara con otros mendigos. Él entra en una competencia, se decepciona, se apega a su 'tarrito' para pedir limosnas, es inseguro y tiene muchas otras complicaciones que van con la actitud de mendigo.

La vida del rey y del príncipe son distintas. Sus mentes son diferentes. No están sujetos al síndrome del mendigo. Sus vidas son una celebración y un baile de felicidad y claridad, una vida de amor y de entrega. Cuando el príncipe visita algún lugar para asistir a algún evento de caridad, su tarea es entregar. Él no visita para llevarse ninguna cosa porque él sabe que ya está pleno.

¿Cuál es el equivalente espiritual? El conocimiento espiritual nos dice que, justo ahora, tenemos muchos tesoros. Cuando usamos la palabra alma, nos estamos refiriendo al eterno príncipe.

Cuando el alma no es consciente de su verdad, la consciencia de mendigo toma el control. En este caso, él, no está mendigando monedas, sino que está mendigando amor, felicidad, seguridad, vida. Él está mendigando algo de respeto y posición. Él está mendigando las cosas que ya tiene, pero está bajo el hechizo. Alguien puede decirle a él 'Ud. es un príncipe' y él lo oye, pero su atención está puesta en el 'tarrito' para pedir limosnas.

Este mendigar se manifiesta de muchas formas sutiles. Una manifestación podría ser el mendigar las virtudes de otros. A modo de ejemplo, cuando el príncipe visita un determinado pueblo, a él no le concierne si algunas personas de ese pueblo son avaros, pero si el mendigo visita ese pueblo, él se va a molestar. El príncipe no lo ve como un problema, mientras que el mendigo lo verá como su propio problema. De manera similar, en este mundo, si alguien no tiene modales, es decir, si alguien se enoja, anda con chismes o es intolerante, es su problema, no es problema nuestro. Pero para quien esté en la consciencia del mendigo, para quien esté mendigando virtudes de los demás, es su problema. El príncipe no

3

se siente afectado incluso si el chisme o la rabia van dirigidas a su persona. Él experimenta un sentimiento liberado.

El mendigo es la denominación más baja en cualquier sociedad y adoptar la consciencia del mendigo significa elegir la calidad de vida más baja posible. Hay una gran diferencia en la calidad de vida entre el príncipe y el mendigo. Todos quieren una buena calidad de vida, pero su consciencia es la de un mendigo, si es que ellos están bajo un hechizo, incluso si ellos tienen una posición social, riqueza y poder. Es la consciencia de mendigo que está experimentando todo eso. Todos están todavía sujetos al síndrome del mendigo, ellos están experimentando la peor calidad de vida.

El Príncipe Despierto

Tal persona tiene la oportunidad de despertar y el despertar, necesariamente, significa descubrir la realidad más allá de este hechizo de mendigo. ¿Qué pasa cuando el príncipe está despierto? En nuestro caso, el príncipe es el alma, alma angelical. Él descubre que su mundo es diferente y que él es, temporalmente, un invitado aquí en este teatro del mundo físico. Él no necesita este teatro, él no necesita todo este mundo físico. Él sabe, de antemano, que es un episodio temporal en un teatro temporal. Él conoce su realidad eterna en el más allá.

El término consciencia de alma se usa cuando el príncipe se da cuenta que él es un príncipe. Él alma se da cuenta que él es eterno y su mundo es eterno. Instantáneamente, se rompe el hechizo del mendigo. Él no está mendigando por su vida, ni la muerte ni compañía. Todo el drama se vuelve una experiencia extra. El mendigar llega a su fin.

Entonces, el viaje del príncipe se vuelve el descubrimiento de lo que posee. Él puede descubrir que tiene un Padre, el Rey, él tiene una familia, la familia real. Él usa su tiempo para descubrir otros tesoros como 'las virtudes', y 'los poderes' y 'las cualidades' que acompañan a la vida de un príncipe. La palabra 'necesitar' no existe en la vida del príncipe despierto. El deseo no existe, la comparación y la competencia no existen, la pena no existe y, si no hay pena, lo que queda es una dicha silenciosa.

El príncipe despierto es útil para sí mismo y para los demás. En cualquier lugar, si hay más mendigos, entonces ese lugar se convertirá en un barrio bajo, pero si hay más príncipes, ese pueblo se convertirá en un reino.

Preguntas para Reflexionar

- ¿Cómo la actitud del mendigo evita el proceso de despertar?

- En su visión, ¿cuáles son las formas de superar esto?

- ¿Cuáles son los aspectos más importantes, para Ud., en la vida de un príncipe despierto?

Pensamientos para La Meditación

Las almas despiertas son príncipes de carácter, de la realeza, príncipes nobles.

Ellas saben que, en cada nivel, en cada aspecto de sus vidas son plenas.

Dios mismo es su Padre y Compañero y su familia es una familia de príncipes. Esto es lo que el príncipe despierto sabe y experimenta.

Él todo lo tiene y tiene lo mejor, para siempre.

Cuando él visita este teatro temporal, el drama, él no desea nada.

Este drama no tiene nada que ofrecerle a él.

Él conoce su corazón, él conoce a todas las personas y él tiene algo muy precioso que ofrecer a los demás. Con esta actitud, él está feliz de venir de visita.

Sus palabras, su actitud y acciones son todas útiles para los demás.

INVOLUCRAMIENTO DESAPEGADO

Adentrándonos en la naturaleza del apego.

Experimentando el desapego de un invitado.

¿Qué está sucediendo en la Mente?

Un objetivo que todos los seres humanos de este planeta tienen, es tener un buen estándar de vida y una buena calidad de vida. Para lograr un mejor estándar de vida, nuestro énfasis ha sido puesto primordialmente en mejorar el mundo exterior. El objetivo ha sido mejorar nuestros aparatos y computadores, hacer que los automóviles vayan más rápido, encontrar mejores casas y trabajos, encontrar más riqueza y mejores relaciones. Todo esto es esencial.

Sin embargo, a lo que se le ha dado muy poca importancia, en la sociedad y en nuestro sistema educacional, es a nuestra vida interior, es decir, a lo que está sucediendo en la mente y cómo respondemos a las situaciones externas. Aparte de muy pocas excepciones, incluso en el campo de la sicología, poco esfuerzo se ha hecho para educar a la gente en estos asuntos de la mente.

Nuestra vida interior es lo que nosotros experimentamos todo el tiempo y, por lo tanto, esta falta de educación puede disminuir la calidad de nuestras vidas de manera significativa. Una persona puede tener riquezas, él puede estar viviendo en un castillo, pero si no hay un entendimiento de la dinámica interna, esta persona puede vivir una vida con ansiedad y depresión. Cuando una persona tiene una mente saludable y posee una rica vida interior, esta persona, automáticamente, será más eficiente al mejorar su vida exterior.

Un modelo simple para explicar lo que está sucediendo, es ver el mundo físico, en su totalidad, en la imagen de una pequeña caja. ¿Cuál es la naturaleza de esta caja? ¿Qué está pasando dentro de ella que es relevante para nosotros? Todo lo que está adentro de la caja es impredecible. No sabemos lo que le va a pasar a eso en los próximos minutos. El cambio es la ley dentro de esa caja; las cosas cambian justo frente a nosotros. Segundo, 'terminar' es la ley. Todo llega a su fin y algo más comienza. Tal como las flores florecen, se marchitan y mueren, lo mismo les sucede a todas las cosas dentro de la caja.

En un mundo así, si creamos siquiera el más leve apego, les garantizo que traerá penas. En un mundo que está cambiando, un mundo que está terminando, un mundo que es impredecible, si creamos siquiera alguna expectativa del tipo que sea, ésta nos traerá penas.

En la actualidad, estamos ocupados creando más y más apegos de todos los diferentes tipos dentro de esa caja y, como resultado, estamos a merced de ese mundo en lo que respecta a nuestra paz. Nosotros nos volvemos esclavos, dependientes de esa caja impredecible. Estos apegos crean ansiedad, molestias y un inmenso rango de reacciones negativas.

El Observador Desapegado

Nosotros tenemos una opción. Tal como podemos ver los cambios en un jardín, de la misma manera, podemos ver este mundo más grande dentro de la caja como si fuéramos observadores desapegados, sin expectativas ni apegos. Un invitado es naturalmente desapegado y se mantiene como observador. Un invitado sabe que no es el dueño de nada y, por lo tanto, no pierde nada. Del mismo modo, el alma se recuerda a si mismo que es un invitado dentro de la caja. Él mira las cosas, pero no se queda atrapado en las cosas ni con los eventos de la caja. No hay nada de malo en que nos involucremos al realizar acciones dentro de la caja. Sin embargo, el estar desapegado es como entrar en una casa y saber que somos invitados ahí. Nosotros usamos las cosas de la casa, pero no somos los dueños de ninguna cosa, no creamos apegos a nada. Llamamos a esta actitud con el nombre de estado de 'involucramiento desapegado'.

Cuando nos vamos de la casa, No sentimos que estamos perdiendo alguna cosa. Este es un ejemplo de involucramiento desapegado. En relación a la palabra 'desapegado', queremos decir 'libre', no quiere decir que tengamos menos amor, o menos interés. Un invitado puede estar muy interesado, pero es sensato. ¿Cuál es su sabiduría? El invitado sabe a qué hora debe retirarse o irse.

Si el invitado llega y se le olvida que tiene que irse, es como si él se sintiera justificado en comportarse como un anfitrión, creando apegos, y pensando que él es el dueño de las cosas. La realidad es algo que tendrá que enfrentar tarde o temprano. En este caso, todos debemos irnos, ya sea que nos guste o no, el cambio y la partida están garantizados. Cada vez que nos olvidamos acerca del hecho que debemos irnos, nos vamos en la dirección de las expectativas y apegos, invitamos a los sentimientos de dependencia y subordinación a que salgan al mundo exterior.

Preguntas para Reflexionar

- ¿De qué forma el apego a la gente, a las posesiones, a la posición afecta la calidad de vida?

- En su visión, ¿qué es el involucramiento desapegado?

- ¿Qué sabiduría posee un invitado?

Una buena calidad de vida

mejorando
la vida exterior

cambio fin
impredecible

observador
desapegado
de visita **invitado**

UNA MENTE LIBRE DE PENAS

Presentando el mundo como un escenario.

Experimentando la estabilidad emocional.

Un Objetivo Más Elevado

Nosotros vimos en una discusión anterior cómo podemos mejorar nuestra calidad de vida. El crear apegos y ataduras en un mundo impredecible, es como si infligiéramos ansiedad y decepción sobre nosotros mismos sin ninguna razón. Todo eso es innecesario. Nosotros tenemos la opción de tener una actitud diferente. Nosotros tenemos la opción de ser el observador desapegado.

Si un vaso de leche tuviera sólo una gota de veneno en él, toda la leche se echaría a perder. Del mismo modo, si Ud. le da a una mente que es feliz una gota de ira o una gota de ansiedad, la mente, en su totalidad, se echa a perder.

A través de nuestra vida de apegos, nos damos a nosotros mismos 'una gota de pena'. Puede que sea mucho más que sólo una gota. Nosotros echamos a perder la mente sin darnos a nosotros mismos la oportunidad de conocer nuestro potencial, es decir, cómo es eso de tener una mente en donde haya cero penas, donde no hay corrientes subterráneas de ansiedades ni desilusiones.

Tener permanentemente esta mente, puede ser un proceso, pero podemos experimentar con esta mente justo ahora. Nosotros siempre tenemos la opción de experimentar y conocer a esa mente donde no hay ni una gota de pena.

¿Cómo? Vea este mundo con otros ojos o lentes. ¿Cuáles son esos lentes? Llamémoslos los lentes del observador desapegado. ¿Qué sucede luego? Con estos lentes, vemos a todo el mundo físico como un pequeño teatro, como si fuera un drama, y el observador invisible está mirando este drama. En un lenguaje espiritual, nosotros llamaríamos a esto claridad de consciencia de alma.

El observador es no-físico, el observador es de un mundo diferente.

Estamos tratando de visualizar la perspectiva del observador. ¿Cómo sería estar completamente libre y observar el mundo externo?

El Mundo como una Historia

Para el observador desapegado, todo eso que sucedió ayer, sucedió en un teatro y todo lo que está pasando hoy, está sucediendo en un teatro. En un teatro, se muestra una historia. El observador no tiene quejas acerca de la historia y él no tiene ansiedad acerca de la historia. Él sabe que lo que suceda en la historia, sucede de acuerdo al guion de la historia.

El observador desapegado no se impresiona con los apoyos ni con las máscaras, él sabe que todo lo que haya en un teatro es para la entretención. A lo sumo, él tiene curiosidad de saber qué es lo que viene a continuación en la trama de la historia. Él, además, conoce el mundo más allá de la historia y el mundo más allá de la historia es el mundo real para él.

En este modelo, el mundo más allá de la historia es sutil y eterno. El teatro tiene límites de tiempo y no es sutil, es bruto. Eso es todo. La persona está clara de esta realidad sutil más allá del teatro, y, como resultado, permanece libre. Este entendimiento no le permite crear apegos.

Este modelo le ayuda a experimentar una mente en donde haya cero gotas de pena. Este es un gran logro. Si es que estamos hablando de calidad de vida, entonces, esto lleva la vida a un nivel muy alto. Dicha mente está libre de penas. Esta mente conoce el gozo del alma.

Cuando alguien posee dicha estabilidad emocional, él puede pensar más claramente y es más útil. De hecho, dicha persona es rica emocional y mentalmente, él es útil en todo sentido. Él no se arranca del teatro, ni del mundo de la acción, él no se arranca de nada. De ahí es de donde vienen las palabras 'involucramiento desapegado'.

Normalmente, la gente confía en su vida exterior para influir en su vida interior y, como ya discutimos antes, el mundo exterior es impredecible. Esto es muy diferente de una vida interior que es rica e independiente. Una rica vida interior es la posición de partida del observador desapegado y desde ahí, él es capaz de influir positivamente sobre su mundo exterior.

Pensamientos para La Meditación

Muchas cosas pueden suceder en el teatro, pero el observador no tiene quejas, ni ansiedad ni disgustos.

Su mente está libre de cualquier gota de pena y por lo mismo, experimenta la dicha del silencio.

Esta mente experimenta la paz del silencio, la paz suprema.

Esta mente experimenta el contentamiento.

Es una mente que puede permanecer estable ante los altibajos que suceden en el teatro.

Un Punto de Reflexión

- Tómese algo de tiempo para reflexionar sobre las cualidades del mundo más allá de la historia.

Actividad de Reflexión

- ¿Cuáles son las tres viejas tendencias de las cuales Ud. puede liberarse?

- ¿Con qué tendencias nuevas Ud. puede comenzar a experimentar desde hoy?

ve como un
**observador
desapegado**

dicha
silenciosa

sutil
no físico

paz
suprema

más allá de
la obra

escenario
de la
obra

EL MUNDO MÁS ALLÁ

Experimente con dejar de lado los apegos.

Cambie la inseguridad constante por la seguridad eterna.

La Confusión

¿Qué está sucediendo con estas dichosas personas de luz a quienes llamamos observadores desapegados? Podemos, también, llamarlos 'viajeros'. Ellos son viajeros que están pasando por el mundo físico, viajeros que están pasando por esta caja. Durante este viaje, ellos tienen la opción de permanecer como observadores desapegados, si ellos permanecen en ese estado de claridad, ellos pueden tener una rica vida interior y estar involucrados en todo lo que ellos harían normalmente, pero ellos lo harían como un administrador.

Ellos están conscientes de la caja y de su vida ahí y ellos saben que su viaje es largo, pero ellos también saben que tienen una salida. Ellos están conscientes de su vida más allá de la caja. Si ellos tuvieran que mantener esta actitud todo el tiempo, ellos tendrían una vida interior plena y ellos podrían influir sobre el mundo exterior, cualquiera que pudiera ser su vida exterior.

Sin embargo, lo que sucede en este viaje de los viajeros es que, ellos se pierden la trama de la historia. Comienza de manera muy simple. Ellos se olvidan que son viajeros. Ellos se olvidan que tienen una salida. Una pequeña confusión se implanta, y en esa confusión, parece razonable el crear apegos dentro de esa momentánea y cambiante caja.

Es como una persona que viene de invitado a la casa de alguien y, con el tiempo, comienza a creer lo siguiente: "Esta es mi pieza y nadie más debería estar aquí. Sólo yo debería usar esto. Este es mi rincón," cuando, de hecho, él pueda que tenga que irse en cualquier momento. Del mismo modo, nosotros comenzamos a creer que somos dueños de algo, incluso algo tan simple como un macetero roto.

EL MUNDO MÁS ALLÁ

Nosotros comenzamos a usar la palabra 'mío' para algo en el mundo exterior. En el momento en que usamos esta palabra, 'mío', acompañado de la excitación, la posesividad y el apego que vienen con el poseerlo, así, también viene la inseguridad que produce el perderlo.

Incluso un leve apego crea una inseguridad subconsciente. Los seres humanos no pueden lidiar con este sentimiento. Todos quieren sentirse seguros. Es un instinto profundo y nadie puede evitarlo.

La mayoría de los seres humanos luchan por hacerse más seguros, pero en su confusión, el método para hacerse más seguros es crear más apegos dentro de esa caja insegura. Mientras más apegos ellos tengan con las personas, posesiones y posiciones, más podrán perder y crecerá más su inseguridad subconsciente.

La "cantata" es siempre la misma: "Quiero más." Esta se presenta a sí misma de diferentes maneras. Ellos quieren más posesiones materiales, ellos quieren más atención, desarrollan adicciones, ellos quieren más y más y más. En lo profundo de su interior, detrás de todas estas ansias de obtener más, ellos están buscando la seguridad.

Conducta adictiva, violencia, corrupción y codicia son simplemente una manera de intentar darle una dirección a este sentido de inseguridad subconsciente. Esto incluye todas las conductas socialmente anormales que nosotros vemos en el mundo. También se aplica a las conductas desagradables en nuestra sociedad inmediata y dentro de nosotros mismos. El origen de la depresión y de los problemas de neurosis y sicológicos es la inseguridad. La paradoja es que ellos están intentando obtener seguridad dentro de la caja temporal insegura. Tal punto ciego flagrante es sólo posible en un estado de confusión.

Esta confusión no debiera tomarse a la ligera. Una mente que está confundida puede complicar vidas y puede crear problemas innecesarios. Por ejemplo, Ud. no contrataría a una niñera o a un cirujano que esté confundido. A pesar que esta confusión colectiva pasa inadvertida y es socialmente aceptada, en los escritos espirituales se denomina 'ignorancia' y es vista como la causa basal de todos nuestros sufrimientos. Sólo porque sea colectiva, no la hace menos seria. Ésta sólo lleva al sufrimiento colectivo.

La confusión, además, nos priva de apreciar la riqueza que existe justo frente a nosotros. Por ejemplo, el que está confundido no apreciará algo realmente útil, tal como lo es un aparato electrónico o un auto sofisticado. Cuando él sale de la confusión, es capaz de conectarse con las cosas y de ver las maravillas detrás de estos versátiles aparatos.

Cuando salimos de esta ignorancia, nos estamos liberando a nosotros mismos de nuestros sufrimientos, y, también, nos estamos ayudando a nosotros mismos a otro nivel. Estaremos conectados a la riqueza interior, veremos el significado y la maravilla de todo lo que nos rodea, incluyéndonos a nosotros mismos.

La Seguridad Eterna

Cuando una persona se siente segura, hace que saque lo mejor de sí misma. Sólo una persona que está segura experimenta la paz. Cuando está segura, experimenta las emociones más elevadas de amor, felicidad, contentamiento. La seguridad nos hace sacar lo mejor. Esto se aplica tanto a los seres humanos como a los animales. Si Ud. hace que un perro se vuelva inseguro, le ladrará e intentará morderlo. Si Ud. hace que se sienta seguro, él querrá jugar con Ud.

Comúnmente, pensamos que las respuestas a nuestras preguntas están en la caja. El modelo espiritual nos da la claridad para ver otras opciones. Ante todo, tenemos que ser el observador desapegado de esta caja impredecible. Al hacer esto, nuestra posición inicial será de seguridad, de paz y de estabilidad emocional. En este estado emocional, podemos tener únicamente más claridad y encontrar mejores soluciones o las soluciones correctas.

En un estado de reflexión, nos damos cuenta que el viajero no sólo no es el dueño de nada, sino que tampoco necesita nada. Es como si todo fuese una 'escena lateral' que va y viene. El viajero encuentra que su vida está repleta de tantas y tantas escenas por todos lados. Él sabe que estas escenas van a cambiar, él sabe que se van a ir, pero él se mantiene alerta en relación a que él está seguro y de que su viaje continúa.

Preguntas para Reflexionar

- En su visión, ¿qué es la confusión?

- ¿Qué nos trae claridad?

- ¿Qué es importante para el viajero?

Conciencia de Alma

EL YOGI
EN CASA

Experiencia de Meditación.

Pensamientos para La Meditación

Preparándose para la práctica de la meditación, elija una postura que sea cómoda. Siéntase libre de moverse de ser necesario, siéntase libre de mantener los ojos abiertos, respire normalmente y permita que todo su cuerpo se sienta relajado.

Nos recordamos a nosotros mismos que justo ahora, somos invitados en esta casa (donde sea que nos encontremos en este momento). Al ser invitados, no somos dueños de nada, así que, no podemos perder nada. Experimentamos la liviandad o levedad de ser un invitado, experimentamos la seguridad de ser un invitado.

Las almas son invitados en este planeta. Ellos son invitados incluso en sus cuerpos. Ellos no son dueños de nadie ni de nada así que, ellos nunca pierden a nadie ni nada. Ellos experimentan la liviandad o levedad de un invitado, la seguridad de un invitado y la libertad de un invitado.

Nosotros vemos a este invitado, el alma, con la forma de una diminuta estrella viviente. Es un ser vivo, consciente con la forma de una estrella. Es, por completo, de otro mundo. Este invitado tiene un hogar. Su hogar es un mundo de luz. Al ser un invitado, el alma se asocia con muchas cosas de este mundo, tales como personas, posesiones y posición.

Ahora, en un segundo, el invitado regresa a su hogar. Nosotros llegamos a ese cielo, el cielo más allá del cielo, el mundo del completo silencio, el mundo de luz. Este mundo de luz existe es eterno.

Nosotros entendemos que esta no es simplemente una meditación, es el hogar de todas las estrellas vivientes. Ellas pertenecen aquí con un sentido de seguridad eterna. En este lugar, no existe el tiempo, ni el cambio y no tiene fin. Este es el verdadero hogar de las estrellas vivientes, el único hogar, el hogar eterno. Este es el hogar de todas las personas. Todos pertenecen a este cielo. Todos pertenecen a esta familia de estrellas.

Desde el cielo, miran lejos a la distancia. Ellas ven el drama temporal y físico, y a medida que se preparan para venir a este drama, ellas vienen como estrellas, y permanecen como tal. Ellas permanecen como invitadas. Su objetivo es no perderse en la expansión del drama. Ellas recuerdan su hermosa verdad.

SER LIBRE DEL "yo"

Viendo las identidades falsas.

Experimentando con el volverse libre de la identificación.

La Identificación Falsa

Nosotros usamos la palabra 'identificación' con un significado específico para entender lo que son las identificaciones 'falsas'. Cuando un individuo se percibe o describe a si mismo basado en lo que él no es, lo llamamos 'identificación'.

Por ejemplo, un actor de profesión interpreta cierto papel en una obra de teatro, realizando dicho papel todos los días. En sus propias palabras, "el papel o personaje comenzó a apoderarse de mí." Él comenzó a sentirse confundido en relación a quién era él realmente. Nosotros usaríamos la palabra 'identificación' para este fenómeno.

Otro ejemplo práctico. Digamos que hay una planta y yo he estado regando esta planta durante unas cuantas semanas. Cada vez que alguien alaba o dice algo lindo de la planta, puede ser que me guste escuchar la alabanza, así que, con el tiempo, comienzo a considerar que la planta es parte de mí.

Un día, un invitado que nos visita mira la planta y dice que la planta no está en buenas condiciones. ¿Es esto una ofensa personal? Él no dijo nada acerca de mí, pero sin darme cuenta, mi auto-estima o auto-respeto, ahora, se basa en la planta. De manera subsconsciente, le he dado nacimiento a un "yo" basado en la planta. Este "yo" recibe las alabanzas o las críticas hechas a la planta de manera personal. Esto es identificación.

Este "yo" tiene emociones, sentimientos y reacciones en torno a eso, como si fuera 'todo yo'. Esto lo hace sentir real. ¿Así nos identificamos? Nosotros le damos vida a un "yo" basado en otras personas, tales como los niños y cualquier otro pariente cercano. Podemos dar vida a un "yo" basado en objetos, tales como una casa o un auto. Puede haber una identificación con la vestimenta o la apariencia del cuerpo. Podemos identificarnos con el trabajo, el puesto,

el barrio, la religión o las ideas. La lista es interminable.

Estas identidades están basadas en algo que es externo. Usar la palabra "yo" para cosas tales como un auto es absurdo y, aun así, no se cuestiona.

Nosotros ya nos sentimos inseguros con el pensamiento de perder las cosas externas una vez que las hayamos etiquetado con la palabra "mi", pero la identificación crea incluso una inseguridad más profunda. Nuestra atadura se vuelve más profunda por medio de la identificación y experimentamos muchas formas de inseguridad.

Sintiéndonos Bajo Ataque

Volvamos al ejemplo de la planta. La más leve crítica puede molestarme. Si alguien tiene una planta más grande que la mía, o si ellos no le dicen cosas lindas de la planta, eso también se vuelve un problema. En poco tiempo, ese "yo" toma las penas de todas las personas. Debido a que "yo" se basa en algo temporal, es extremadamente inseguro. Este, constantemente, está a la mira de peligros potenciales. Siempre que la identificación falsa esté allí, no se puede poner un alto a los sentimientos negativos.

Estas identidades rigen nuestras vidas. Ellas están detrás del enojo que existe en el mundo. Si ha habido guerras, es debido a estas identidades. Las identidades son las que se sienten ofendidas y desean ofender. Son estas identidades las que, también, nos hacen frágiles y vulnerables.

La identidad falsa produce una sociedad 'falsa'. La gente sabe que primero tendrán que alimentar las identidades unos a otros. Muchos de los cumplidos o elogios que se dan en la sociedad son sólo para hacer que el "yo" esté seguro.

Son estas identidades las que son la causa del enojo y la depresión. Estas identidades son los dictadores en la política nacional e internacional. Estas identidades que realizan elecciones y toman decisiones son ellas mismas el producto de la confusión.

La gente puede declarar la guerra e incluso arriesgarse a morir si una de sus identidades se ve seriamente amenazada. Por ejemplo, si su religión es criticada. Lo que está sucediendo es que una identidad falsa está siendo amenazada. ¿De dónde viene esta energía para ir a la guerra? Puede ser un comentario insignificante o una acción de alguien, pero la identidad lo ve como una amenaza a su existencia, y, por lo tanto, su mecanismo de supervivencia tira una patada. La identidad no tiene planeado morir y hará lo que sea para sobrevivir. Romperá cualquier ley –moral o ética.

Los Medios para La Libertad

Volviendo al ejemplo de la identidad basada en la planta, Imagine que de algún modo aprendemos a no identificarnos con la planta. ¿Cuál será el resultado? Yo puedo cuidarla, cuidarla bien, regarla, pero no me entrampo identificándome con ella.

Cuando alguien le diga cosas lindas o cuando alguien la critique, que a alguien le guste, que a alguien no le guste, no me voy a molestar en absoluto, no es mi problema. De este modo, nosotros podemos descubrir los medios hacia la restauración de nuestra preciada independencia. Si nos dejáramos de identificar con tan sólo una cosa, habrá muchísima más paz. Si nosotros aprendemos a no identificarnos con otras cosas, tendremos la experiencia de una liberación muchísimo mayor.

El no identificarse no quiere decir que no la vamos a cuidar o que no realicemos nuestros deberes. Lo que sea que se necesite hacer, estamos felices de hacerlo. Somos incluso libres de aclarar con las demás personas con respecto a qué está bien. La única cosa que ha cambiado es que no estamos en la maraña o confusión emocional. Nosotros estamos en control de nosotros mismos, y las demás personas no pueden llevarnos hacia ninguna situación.

Felicidad Incondicional

Desde esta perspectiva, podemos ver que lo que está sucediendo puede ser visto como 'drama', está sucediendo en una pantalla, como si estuviera por allá abajo. En un drama, hay cambios, cosas vienen y van, pero todo eso está en el drama. El alma está segura. Nunca muere. Tal como llega, se va, no ha perdido nada. Tal ser es de carácter noble.

Cuando alguien está seguro de esta manera absoluta, esta persona existe sin deseos. No necesita nada de la historia que está ocurriendo allá abajo, de este drama temporal. Cuando no hay vibración de deseos, él descubre la plenitud, él descubre un estado de contentamiento y descubre la paz. Esta paz, felicidad y contentamiento es incondicional a la historia.

Preguntas para Reflexionar

- ¿Qué es lo que Ud. entiende por 'identificación'?

- ¿Qué es lo que Ud. entiende por 'drama'?

- ¿Qué aspectos del conocimiento del 'drama' nos pueden ayudar para volvernos libres?

EL INTELECTO ALQUIMISTA

Experimentando con un nuevo entendimiento.

Experimentando la vida de un sabio.

La Transmutación

Platón usa el término 'chirumen' o 'cacumen' para un intelecto más elevado o inteligencia filosófica. Una descripción de esto es, 'un tipo de mente divina'. Con 'chirumen' o 'cacumen', Ud. ve las cosas como Dios las ve.

En el conocimiento del Raja Yoga, las palabras usadas son intelecto paras e intelecto pathar. Paras es el intelecto del tipo divino. Pathar es un intelecto bruto. Pathar limita al individuo a lo físico y no posee sentido de lo sutil.

¿Cómo ve el intelecto paras este mundo actual? Paras ve al mundo físico en su totalidad como una pequeña historia, como si fuera un teatro basado en una historia. Él ve que más allá de la historia está el mundo real. El mundo más allá es de luz y de seres de luz. Este mundo existe para siempre.

Paras puede ver esto como obvio. Pathar ve la historia como realidad y se le pierde la dimensión sutil y eterna más allá de la historia. Para paras, es natural ver la película en su totalidad, la eternidad es normal y la sutileza es normal.

Esto crea una inmensa diferencia más abajo de la línea. Paras puede apreciar la maravilla del cielo, la realidad suprema, y la seguridad absoluta. Él ve lo físico como una variación, un drama teatral temporal y ve que cada momento en éste es un regalo temporal. Pathar tiene peticiones imposibles dentro de la historia. Él tiene quejas, preocupaciones, desilusiones y traumas.

La Familia Angelical

Con el intelecto paras más la visión divina, nosotros vemos esa dimensión suprema de la luz, el mundo más allá de la historia. Nosotros lo vemos como un cielo más allá del cielo. En este cielo, hay estrellas vivientes y conscientes. Nosotros las llamamos almas. Todo en este mundo es de la familia angelical.

Cuando están despiertas, las almas encuentran que la inmortalidad es algo normal. Es normal pertenecer a ese cielo. Ellas están, naturalmente, libres del deseo, libres de la pena, libres del ego. Cero deseos, cero penas, cero ego. ¡Qué mente!

Debido a que esta gente de luz ha entendido la historia como si fuera una historia, encuentran absurdo crear apegos durante el transcurso de la historia. Ellas encuentran absurdo crear deseos e incluso preferencias durante el transcurso de la historia, no existe la desesperación.

Como resultado, no hay razón para que haya ningún tipo de pena, y cuando no existen indicios de pena, lo que queda es dicha silenciosa.

La verdad, nos damos cuenta que esta es una familia de príncipes angelicales que pertenece al Rey (Dios).

Ellos son como Raj Rishis –rishis significa sabio– al mismo tiempo, son como príncipes, Rajas. ¿Por qué sabio? Si alguien tiene menos deseo y menos ego, se le llama sabio. Estas personas de luz tienen cero deseos, cero penas, cero ignorancias, cero ego, cero vicios. Por eso es que pueden ser llamados Raj Rashis, dignos de respeto y amor – eternos.

Paras experimenta que todos son dignos de amor, todos pertenecen a una familia, todos son buenos. Él vive en este mundo de perfección.

Paras no está esforzándose para lograr la perfección, es como si hubiese despertado y puede ver la perfección. No se necesita cambiar nada, ni ser corregido. Desde esa perspectiva, todas las personas son buenas, todo es bueno y más abajo hay una historia, y no hay quejas acerca de la historia. Paras experimenta la belleza y la perfección por todas partes.

La Tarea Angelical

El que está despierto entiende que su tarea es ayudar a otros príncipes angelicales para que salgan del hechizo del intelecto pathar. Él sabe que todos han ganado un gran premio. Cada uno sabe que es un príncipe eterno, comúnmente invisible, pero muy obvio para el que posee visión divina. Todos son parte de esta civilización divina, parte de esta familia de Raj Rishis, príncipes angelicales, amados por el Rey, dignos de ser amados por todos, eternamente.

Esta inmensa verdad está justo frente a todas las personas. Él entiende que todos los requerimientos son para que las almas despierten. La tarea del que está despierto es ayudar a otros a despertar. Él puede hacer esto poniendo atención al cielo. Poner atención es como una luz que brilla. Luego, se hace fácil para los demás experimentarlo. Mientras mayor atención se les da a las otras almas, más fácil es que ellas se vean a sí mismas. Aquellos que están despiertos se dan cuenta del inmenso valor de su visión, de sus pensamientos y de su tiempo –de cada uno de sus segundos. Este es el deber angelical, la tarea angelical.

Preguntas para Reflexionar

- ¿Cómo el conocimiento del intelecto paras potencia su empeño espiritual?

- Tómese unos minutos para reflexionar sobre las cualidades del alma angelical.

- ¿De cuántas maneras puede el alma angelical ayudar a que otros despierten?

Pensamientos para La Meditación

Cuando no existen indicios de pena, lo que queda es dicha silenciosa.

Experimentamos un estado de contentamiento silencioso, una paz silenciosa.

Sentimos que el mundo es muy bueno y la historia también es buena.

Todo es bueno y todas las personas son buenas.

Mientras mejor nos llegamos a conocer a nosotros mismos, llegamos a conocer mejor, que los demás, también, son así.

La verdad, nos damos cuenta que esta es una familia de príncipes angelicales que pertenecen al Rey de reyes.

Toda la realidad es eterna.

Todos acá tienen cero deseos, cero penas, cero ego.

Gente llena de dicha y belleza, digna del mayor de los respetos.

EL MENSAJE DEL DOLOR

Investigando las razones del dolor.

Viviendo libres del dolor y de la pena.

¿Podemos Evitar el Dolor?

¿Por qué tenemos dolor? Y ¿Podemos evitar el dolor? En este mundo, estamos viendo un amplio rango de malestares tanto físicos como emocionales, así como también penas. Antes de intentar entender las razones por las que se produce el dolor, entendamos, primero, ciertas leyes de la naturaleza.

Visto de manera objetiva, nos damos cuenta que la naturaleza es nuestra amiga. Estamos vivos debido a la naturaleza. Varias leyes de la naturaleza existen para nuestro provecho.

Como ejemplo, si nos cortamos un dedo, en ese mismo segundo surge un mecanismo que comienza a sanarlo. La naturaleza posee una gran cantidad de mecanismos para preservar, proteger y sostener al cuerpo. Más aún, vemos que es la naturaleza la que protege a las plantas, a los insectos, a las bacterias y al mundo de los seres más grandes.

En esta maravillosa naturaleza, los animales y los seres humanos tienen libre albedrío. Este libre albedrío puede llevarlos a tomar riesgos y crear peligros para sí mismos. Por ejemplo, ellos pueden tocar un cuchillo o encontrarse en medio de un incendio. En la naturaleza, este libre albedrío está equilibrado con el mecanismo del dolor.

Cuando sea que los animales y seres vivos se pongan a sí mismos en peligro, el mecanismo del dolor les da un aviso o advertencia. Es por esta razón que los animales nunca se meterán a un incendio y no se cortarán ni matarán a sí mismos.

Un mecanismo del dolor los protege del peligro dándoles un aviso o advertencia. Como resultado, encontramos que la mayoría de los receptores del dolor están en áreas en donde es más probable que nos hagamos daño a nosotros mismos, por ejemplo, en la punta de nuestros dedos. Existe una menor cantidad de receptores del dolor en el abdomen, o en donde es menos probable que nos hagamos daño a nosotros mismos.

En los intestinos, no tenemos receptores del dolor como los que tenemos en nuestra piel, así que, durante una cirugía, una vez que se pasó la piel, ya no hay receptores del dolor. Por ejemplo, un cirujano puede remover una gran parte de los intestinos del paciente y el paciente no experimentará ningún dolor.

La naturaleza tiene un mecanismo maravilloso para protegernos con sus mecanismos del dolor. El tocar un objeto afilado o una mala postura corporal dará origen a una señal de dolor. Si se cambia la postura, el dolor desaparecerá.

Del mismo modo, si alguien come algo que es venenoso, él experimentará dolor en la forma de una náusea o un mal olor. Estas señales son para evitar que él ingiera comida venenosa y así protegerlo del peligro.

Nosotros podemos dar un paso más adelante y suponer que cada probable dolor que existe nos está dando un mensaje, el cual podríamos necesitar entender si queremos liberarnos a nosotros mismos del dolor. Siempre hay un mensaje detrás de cada dolor. La naturaleza no nos da el dolor porque sí no más. Pueda ser que tengamos que realizar un esfuerzo para entender el mensaje.

El mensaje puede ser que nuestro estilo de vida está equivocado, por ejemplo, nuestra dieta está equivocada o nuestra actitud está errada. Estas cosas tienen que ser revisadas. Tal como el cambiar de postura ayuda a que el dolor desaparezca, del mismo modo, en otros casos, el cambiar nuestra dieta o estilo de vida traerá alivio al dolor. En algunos casos, el dolor puede desaparecer por completo y de manera inmediata y, en otros casos, éste desaparecerá de manera gradual, pero una vez que captamos el mensaje detrás del dolor y la postura es corregida, les garantizo que hay un alivio.

Dolor Emocional

Ahora, podemos llevar esto más allá y ver si tenemos razones para el dolor emocional. En este modelo, el dolor emocional también conlleva un mensaje. ¿Qué estamos haciendo mal para que experimentemos el dolor emocional?

El mensaje espiritual nos dice que hemos tomado una postura equivocada a nivel de consciencia. Nuestra vida de apegos e identificaciones es la 'postura equivocada' y de existir una postura equivocada, ésta invitará al dolor. Algunos tipos de dolor tomarán la forma de un dolor emocional. El rango completo de dolor emocional es secundario a los apegos y al ego, pero el ego, también, invita a otra forma de dolor que se manifiesta como mala suerte.

Una Ley Simple

La naturaleza nos da un mensaje muy simple para 'permanecer libres'. El mensaje de la Naturaleza es "Este es un mundo temporal, Uds. son invitados acá, por lo tanto, no creen apegos en este mundo."

A un invitado siempre se le honra. Sean invitados honorables y la naturaleza permanecerá como su amiga y los honrará.

Preguntas para Reflexionar

- ¿Puede pensar Ud. en algunos ejemplos en su vida sobre el 'mensaje del dolor'?

- ¿Qué es lo que invita a la mala suerte a nuestras vidas? ¿Cómo se puede evitar esto?

- En tú visión, ¿Quién es el invitado perfecto?

EL OCÉANO
DE AMOR

Comenzando el viaje con Dios.

La Conexión

Imagina que hay un gran matemático en tu pueblo. ¿Quién reconocerá a este gran matemático? Sólo puede ser otro matemático. Otros pueden conocerlo muy bien y llegar a quererlo, pero no lo conocerán como un gran matemático. Ellos lo verán como una grata persona. ¿Quién reconocerá a un gran músico? Sólo otro músico. Del mismo modo, ¿quién puede alguna vez reconocer a Dios? Aquel que esté llegando a ser como Dios puede reconocer a Dios, como Él es y lo que Él es.

Hemos discutido, hasta ahora, el énfasis en crear claridad, pasos hacia la libertad, experimentando la consciencia de alma, experimentando una mente en donde no existe razón para la pena, sabiendo lo que son la dicha y el amor. Todos estos son pasos hacia una consciencia más elevada. Ellos nos ayudan a conocer la consciencia más elevada y aquí es donde la palabra 'Dios' puede ser usada con propiedad. Él es el Que siempre está en la verdad.

Él entiende al mundo físico en su totalidad como una historia, Debido a que es una historia, no hay pasiones acerca de esta historia, ni quejas, ni rabias ni tampoco hay que enamorarse de los personajes de la historia. El que entienda por completo que esto es realmente una historia, es libre de estar completamente más allá de la historia. Él encontrará absurdo el crear cualquier tipo de atadura en la historia.

El mundo más allá de la historia es el mundo real. La historia es ficción y el mundo más allá es real. En el mundo real, está la gente real. El mundo más allá es de luz y su gente son de luz. Las llamamos almas. Son estas almas puras quienes le dan a este mundo más allá una chispa divina. Para Dios, este mundo sutil es normal. Él vive en este mundo, Él no vive en la historia.

Él es el que sabe que no hay necesidad de desesperarse ni de tener deseos en la historia y que no hay necesidad de preferencias, incluso, acerca de cómo la historia debiera continuar. La verdad, esto no le importa a Él, ya que todas las personas reales permanecen seguras y hermosas, independientemente de lo que suceda en la historia. El cielo más allá es todo lo que importa.

Él ama a las personas (almas) del mundo real, ya sea que estén en el cielo o visitando el mundo de la historia. Ellas son las mismas personas. Él sabe que ellas le pertenecen a Él para siempre. Ellas viven con Él y ellas son amadas por Él. De hecho, ellas son dignas de amor –para siempre y ellas son dignas de un inmenso respeto –para siempre. Dios es aquel que sabe esto, siempre, de manera absoluta. Él no puede perder de vista esta verdad.

Conocer el teatro y la historia como una historia es, por sí mismo, sabiduría. Nunca serán engañados por esta convicción y la sofisticada historia es un signo de gran sabiduría. Dios mantiene esa sabiduría por siempre. Esa sabiduría es la diferencia entre Dios, como el Alma Suprema, y las almas humanas. Las almas humanas son engañadas por la historia en algún punto de su viaje o jornada.

La Libertad de Dios

Debido a la libertad absoluta y la claridad absoluta de Dios, Él permanece en una posición para ayudar a las demás personas a salir de su decepción.

En la actualidad, cuando posiblemente todos estén engañados por el brillo y el glamur de esta historia, la gente habrá alcanzado un nivel en el que ellos no saben que no saben. Es decir, ellos ni siquiera saben lo que han perdido. Es en este momento en que la intervención de Dios se vuelve una ayuda suprema. Es como luz en medio de la completa oscuridad.

Su posicionamiento absoluto sobre la verdad se transforma en un tremendo y único apoyo para la elevación de estas almas angelicales que se están ahogando. Luego, estos ángeles pueden respirar y volar de nuevo, experimentar su naturaleza como Dios una vez más.

Esto también explica por qué, subconscientemente, todas las almas sienten un profundo amor por Dios, a pesar que, ellas no conocen a Dios. Ellas han, posiblemente, experimentado este rol de Dios en algún momento de sus vidas. Ellas tienen el entendimiento de haber recibido ayuda de Dios en su pasado. Dios es el Que las eleva.

Dios es descrito como un ser de dicha, amor y contentamiento. Ahora, nosotros entendemos de qué manera Su amor difiere del amor común. Mientras el amor de los seres humanos está en la historia, completamente ajeno a la realidad más allá, Dios ama a la gente real, más allá de la historia. Naturalmente, Él las ama incondicionalmente por sobre el guion, incondicionalmente, por sobre su parte en el guion. A la luz de una total claridad, Él no mezcla la realidad con la ficción. Él, por lo tanto, permanece por siempre en la dicha, por siempre en el contentamiento, por siempre seguro, por siempre el Océano de Amor.

Volviéndose Como Dios

¿Cuál es nuestro método para llevarnos a nosotros mismos fuera de la consciencia más baja? Los niños se vuelven adultos en compañía de los adultos. Si ellos tuvieran que quedarse, únicamente, en compañía de otros niños, ellos no saldrían de su niñez. Ellos no se volverían adultos.

Es lo mismo para los seres humanos. Si nosotros queremos conocer y experimentar nuestro propio y más elevado potencial, necesitamos la compañía del Padre y Su noble consciencia.

Cuando tratamos de ver lo que Él ve, sentir lo que Él siente, saber lo que Él sabe, pensar lo que Él piensa, hacer lo que Él hace, nos volvemos como Él.

Pensamientos para La Meditación

Nosotros entendemos que Dios es un ser de dicha, amor y contentamiento, eternos.

Él puede amar a todas las personas a pesar de la parte que las personas tengan en la historia.

Él entiende la historia como una historia. Él no mezcla la realidad con la ficción.

Él vive en el mundo más allá de la historia.

Este mundo más allá es de luz y su gente son de luz.

Nosotros llamamos almas a estas personas.

Él vive con gente real de luz, estas almas, en el mundo de luz. Este mundo es eterno y todos, en este mundo, son inmortales.

Dios sabe de esta seguridad absoluta.

Él sabe que todas estas personas de luz son como Él.

Todos están seguros como Él, todos están libres de deseo como Él.

Ellos están tan seguros que ellos existen sin necesitar nada.

Ellos no tienen deseos, ni pena ni ego.

Esta es su experiencia.

Preguntas para Reflexionar

- ¿Qué diferencias entre el Alma Suprema y el alma humana destacan para Ud.?

- ¿Qué es lo que Dios sabe?

- ¿Puede un alma humana volverse cada vez más como Dios y, de ser así, cómo lo hace?

CONCLUSIONES

¿De qué se trata todo esto?

¿Qué Hay a la Vuelta de la Próxima Esquina?

Después de leer y practicar algunas de las ideas en este mini libro, Ud. puede encontrar que le surgen más preguntas de las que tenía al comienzo. Esta es una muy buena señal. La idea de este libro es desafiar las viejas creencias y a los patrones de pensamiento largamente sostenidos en el tiempo con respecto a nosotros mismos, al mundo físico y al verdadero significado de la vida. Nuestras percepciones, creencias y los patrones de pensamiento resultantes son algunos de los componentes de la consciencia, los cuales nos han mantenido durante demasiado tiempo bajo las ataduras y las limitaciones, en un dolor y sufrimiento en constante aumento.

Si Ud. estuviera en un bote que se está hundiendo, ¿Ud. simplemente se quedaría sentado allí haciendo que Ud. y los demás estén cómodos, esperando que se hunda, o encontraría una forma de salir del bote y ayudar a otros a salir del bote también? El descubrir la belleza de la verdad por medio del despertar a una nueva consciencia basada en esa verdad, es simplemente esto; es una forma de salir de este 'viejo' bote antes que se hunda. El bote que se hunde no es nuestro hogar y nunca lo fue. Nosotros hemos crecido apegados a y dependientes de un mundo que hemos tomado como si fuera nuestra verdad absoluta y, ahora, que se está desplomando sobre nosotros, deseamos algo a qué aferrarnos, sólo para darnos cuenta que no hay nada realmente ahí. Es simplemente como agua que se nos va por entre los dedos al tratar de agarrarla. Esa es siempre la naturaleza de una historia: tiene un inicio y un final.

En contraste, la verdad es perenne. Así es cómo conocemos la verdad. Ésta no cambia, no es un concepto ni una creencia, más bien, una experiencia real que es eterna. Una historia también puede ser una experiencia, pero no es sensato tomarla como si fuera la realidad. Existe para la entretención.

CONCLUSIONES

La mayor sabiduría de todas es simplemente reconocer que no sabemos y comenzar desde ahí. Una vez que la visión del ojo del tipo paras comienza a abrirse, las posibilidades son infinitas. Nosotros estamos, ahora, en una posición de explorar y experimentar con ideas que, al final, nos liberarán de la espiral cuesta abajo o en caída que nos ha llevado a nuestro actual estado de confusión. Sin embargo, el entender nuestro dilema no es suficiente para despertar a una nueva consciencia. Requiere de una práctica constante. A lo que aspiramos es a cambiar nuestra consciencia 'por defecto' para que se vuelva normal el pensar, actuar y hablar como un invitado, como el viajero que somos.

Cuando algo es normal o natural, sucede sin que siquiera pensemos en ello. Entonces, podemos decir que hemos despertado del sueño, es decir, de la historia. Para alcanzar este estado se requiere cierto esfuerzo, pero cuando entendemos la inmensa fortuna que trae, el esfuerzo se vuelve agradable e incluso divertido. Cada paso despierta nuestra curiosidad de explorar de manera más profunda, para ver lo que hay a la vuelta de la próxima esquina…

¿Qué es esta inmortalidad, este hogar silencioso, este padre amoroso a quien llamamos Dios? Tanto que experimentar y tanto que celebrar. ¡Es una gran maravilla!

ACERCA DEL AUTOR

Nacido en India y, en la actualidad, radicado en Cambridge, Reino Unido, el Dr. Prashant Kakoday es un médico con experiencia en cirugía otorrinolaringológica y Salud Integral. Estudiante y profesor en Brahma Kumaris durante más de 30 años, la principal área de interés del Dr Kakoday ha sido la relación entre la espiritualidad, la ciencia y la excelencia en el potencial humano.

Él ha hablado sobre espiritualidad y los principios holísticos de la vida y de la salud en más de 80 países en universidades, facultades médicas y organizaciones, incluyendo a la O.M.S. y El Programa de Enseñanza Médico dentro de los EE.UU.

Él, actualmente, coordina las actividades de Brahma Kumaris en Cambridge. Sus conferencias abarcan temas tales como, La Inteligencia Espiritual, La Ciencia de la Felicidad, La Mente Subconsciente y La Salud Espiritual.

ACERCA DE BRAHMA KUMARIS

Los Brahma Kumaris son una red de organizaciones en más de 100 países con sus oficinas centrales en Mount Abu, Rajasthan, India.

Trabaja en todos los niveles de la sociedad en pro de un cambio positivo y les ofrece a las personas, sin importar su origen, una variedad de oportunidades de aprendizaje, para toda la vida, para que les ayude a reconocer sus cualidades y habilidades inherentes para que les saquen el máximo provecho a sus vidas.

Reconociendo el valor intrínseco y la bondad del yo interior, Brahma Kumaris enseña un método de meditación práctico, llamado Raja Yoga, que ayuda a la gente a cultivar sus fortalezas y valores internos.

También ofrece cursos y seminarios en temas tales como el pensamiento positivo, el superar la ira, liberarse del stress y sobre la auto-estima, promoviendo la espiritualidad en el diario vivir.

Este acercamiento espiritual también es llevado al cuidado de la salud, al trabajo social, la educación, cárceles y otros ambientes comunales. Todos los cursos y actividades se ofrecen sin costo.

Vea la siguiente página para revisar los detalles de contacto con las oficinas centrales.

Para mayor información:
www.brahmakumaris.org

Para más publicaciones de Brahma Kumaris:
www.inspiredstillness.com
E: hello@inspiredstillness.com

DONDE ENCONTRARNOS

OFICINAS CENTRALES ESPIRITUALES

PO Box N°2, Mount Abu 307501,
Rajasthan, India
Tel: (+91) 2974-238261 al 68
E-mail: abu@bkivv.org

OFICINA DE CO-ORDINACIÓN INTERNACIONAL
& OFICINA REGIONAL PARA EUROPA
Y EL MEDIO ORIENTE

Global Co-operation House,
65-69 Pound Lane,
London, NW 10 2HH, UK
Tel: (+44) 20-8727-3350
E-mail: london@brahmakumaris.org

OFICINAS REGIONALES

AFRICA

Global Museum for a Better World,
Maua Close, off Parklands Road, Westlands
PO Box 123 Sarit Centre, Nairobi, Kenya,
Tel: (+254) 20-374-3572
E-mail: nairobi@brahmakumaris.org

LAS AMERICAS Y EL CARIBE

Global Harmony House,
46 S. Middle Neck Road,
Great Neck, NY 11021, USA
Tel: (+1) 516-773-0971
E-mail: newyork@brahmakumaris.org

AUSTRALIA Y EL SUDESTE ASIÁTICO

181 First Ave., Five Dock,
Sydney 2046
Australia
Tel: (+61) 29716-7066
E-mail: fivedock@au.brahmakumaris.org

RUSIA, LOS ESTADOS INDEPENDIENTES MANCOMUNADOS (EIM) Y LOS PAÍSES BÁLTICOS

Universidad Espiritual Mundial Brahma Kumaris,
2, Lobachika, Bldg. N°2
Moscow – 107140

RUSIA

Tel: (+7): +7499 2646 276
E-mail: moscow@brahmakumaris.org